De zonnebloem

Hanneke Frenken

Geschreven door:
Hanneke Frenken

Illustraties van:
Hanneke Frenken

Uitgegeven door:
Graviant educatieve uitgaven, Doetinchem

ISBN 978-9491337550

Voorwoord

Wie weleens in Frankrijk of Italië is geweest heeft vast en zeker de grote gele velden met duizenden zonnebloemen gezien. Ik vind dat prachtig, de zonnebloem is mijn lievelingsbloem.
Zelf plant ik elk jaar zonnepitjes in de tuin.
Het is wonderbaarlijk om te zien hoe ze ontkiemen en groeien. Wanneer ik bij mijn zonnebloemen ga kijken zie ik dat ze vaak bezoek krijgen van vlinders, bijen, lieveheersbeestjes, hommels en andere dieren. Dat bracht mij op het idee om een boekje te schrijven over het leven van een zonnebloem.

Graag wens ik jullie veel (voor)leesplezier toe.

Op de grond lag een kleine,
zwart-wit gestreepte zonnepit.

In die zonnepit lag een babyplantje
te wachten op het leven.

Het begon te regenen.

Na de regen kwam de zon weer tevoorschijn.
Langzaam gingen de dagen voorbij.

De zonnepit kreeg van de aarde, de regen en
de zon alles wat ze nodig had.

Op een goede dag verscheen een kleine opening
bovenin de zonnepit.

Een groen stengeltje, met twee blaadjes kwam
tevoorschijn.

De jonge zonnebloem was geboren!
Ze zette haar wortels stevig en diep in de grond.

Elke dag werd de zonnebloem groter en sterker.
Ze kreeg steeds meer bladeren en bovenin
verscheen een knop.

De zonnebloem kon het fluisteren van de wind horen,
die haar geheimpjes van ver weg vertelde.

Ze voelde de warmte van de zon die haar kuste
en de verkoeling van de frisse regenbuien.

Vroeg in de morgen ging de knop voor het eerst open.

De zonnebloem keek om zich heen en glimlachte.

Voor het eerst zag ze andere bloemen.

Ze zag het groene gras, de bomen en de dieren.

Wanneer ze omhoog keek
zag ze ver boven zich de blauwe lucht met
schapenwolkjes en de vogels die voorbij vlogen.

'Alles is zo mooi,' dacht de zonnebloem.

Een muisje met een mand vol bessen
kwam voorbij gewandeld.

Het was aan haar te zien dat de mand zwaar was
en dat ze moe was van het sjouwen.

Zuchtend veegde ze het zweet
van haar voorhoofd.

'Hallo zonnebloem,' zei de muis.

'Ik heb een mand vol bessen geplukt die ik mee naar huis moet nemen.

De mand is te zwaar om verder te dragen. Mag ik een paar bessen tussen jouw wortels verstoppen?

Ik kom ze later wel weer ophalen.'

De zonnebloem hoorde wat de muis aan haar vroeg en glimlachte.

De muis groef een kuiltje en verstopte drie bessen.

Nadat de muis weer verder was gegaan
vloog een vlinder naar de zonnebloem.

'Wat heeft die vlinder prachtige kleuren!'
dacht de zonnebloem.

De vlinder zwaaide even.

'Dag zonnebloem.

'Ik ben al de hele dag aan het vliegen.

Jij hebt grote, sterke bladeren.

Mag ik even bij je komen zitten om uit te rusten?'

De zonnebloem glimlachte.

Ze vond het hartstikke leuk dat die mooie vlinder haar even gezelschap kwam houden.

De vlinder koos een stevig blad en ging zitten.

Ook een hardwerkende honingbij
had de zonnebloem gezien.

'Hé, zonnebloem,' riep de bij.

'Ik heb gehoord dat jij hele lekkere honing hebt.

Mag ik even komen snoepen?'

De zonnebloem glimlachte.

Natuurlijk mocht deze vrolijke bij dat.

De bij vloog naar het hartje van de
zonnebloem en proefde van de honing.

'Mmm,'dat smaakt lekker,' zoemde hij.

Na de lente kwam de zomer.

De zon, die eerst zo heerlijk warm
had geschenen verspreidde nu een
verschroeiende hitte.

De regen wilde maar niet komen en uiteindelijk
werd de aarde kurkdroog.

Er was geen druppel water meer te vinden.

De zonnebloem kreeg ontzettende dorst.

'Ik moet drinken,' dacht ze.

Maar ze kon niet drinken.

Tenslotte liet ze haar kopje hangen.

De muis was net op weg naar de zonnebloem
om een praatje te maken.

Toen ze de zonnebloem zo zag schrok ze.

'Dit is niet goed!' flitste het door haar
kleine hoofdje.

'Onze zonnebloem is in gevaar!

Ik moet hulp gaan halen!'

De zonnebloem voelde zich steeds zieker worden.

Zo snel als ze kon rende de muis naar een beekje
en vulde haar mand met water,
zodat de zonnebloem kon drinken.

De vlinder wapperde haar met zijn grote vleugels
koelte toe en de honingbij zoemde liedjes om haar
op te vrolijken.

De zonnebloem probeerde
te glimlachen toen ze zag
dat iedereen haar met
zoveel liefde wilde helpen.

De zon werd steeds feller.

Toen ging het echt niet meer.

De zonnebloem glimlachte nog één keer
en sloot toen haar ogen.

De maan stond hoog aan de donkere,
met sterren bedekte hemel.

Nu was het niet meer zo
warm als vanmiddag.

De muis, de vlinder en de
honingbij zaten op hun
knietjes bij de zonnebloem.

'Onze mooie, lieve bloem is dood,' snikte de bij.

'Ze heeft altijd zo goed voor ons gezorgd,
ik ga haar missen.'

'Ik ga haar ook missen,'
antwoordde de muis.

De vlinder knikte.

Even bleef het stil.

Toen wees de muis naar iets
wat op de grond lag.

'Kom eens kijken, hier liggen
allemaal zwart-wit gestreepte dingen,'
merkte ze op.

'Dat zijn zonnepitten,'
wist de vlinder.

'Volgend jaar groeien hier
nieuwe zonnebloemen.'

Over dit boek

Dit boekje laat aan kinderen zien hoe uit een klein zaadje een grote, sterke zonnebloem groeit en hoe het leven van de bloem verder verloopt.

Tussendoor sluit de zonnebloem vriendschap met een muis, een vlinder en een honingbij. Duidelijke illustraties geven hierbij ondersteuning.

Het verhaal is eenvoudig verteld met een iets wat poëtisch randje.

www.ingramcontent.com/pod-product-compliance
Lightning Source LLC
Chambersburg PA
CBHW040941100426
42813CB00017B/2887